AF229118

EXAMEN

HISTORIQUE ET CRITIQUE

DE LA

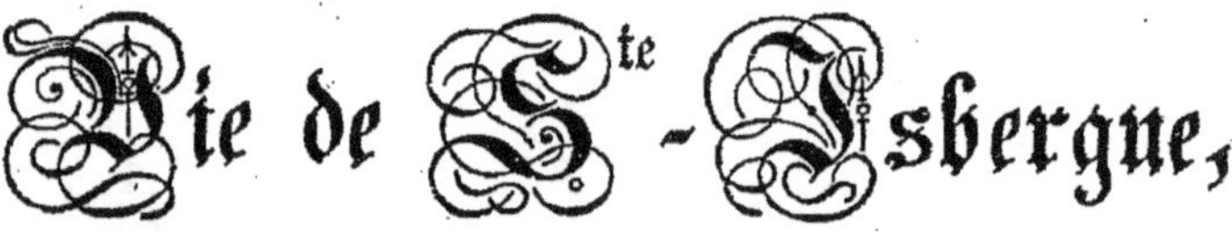

Vie de Ste-Isbergue,

LIVRAISON DU LÉGENDAIRE DE LA MORINIE.

Quis nescit primam esse Historiæ
legem, ne quid falsi dicere audeat, ne
quid veri non audeat?   Cicéron.

BOULOGNE-SUR-MER,

Imprimerie de H. Delahodde, 19, rue de l'Ecu.

—1850—

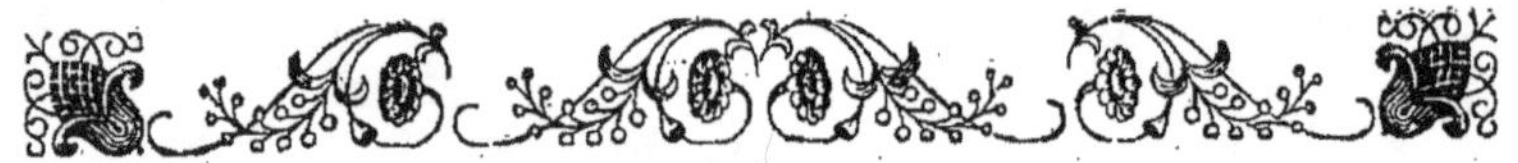

La Vie de Sainte ISBERGUE (GISELLE), fille de Pepin-le-Bref et Sœur de Charlemagne (8e siècle), d'après le P. MALBRANCQ, collationnée sur Eginhard, le moine de Saint-Gall, les lettres des Papes , les historiens généraux et particuliers, Fleury, Mezerai, le P. Daniel, de Ségur, Dom Devienne, les Bréviaires de Saint-Omer et d'Arras; par M. E. V.

Une publication, digne à tous égards de la bienveillante atten=
tion du public, a été entreprise à Boulogne, par une société
de gens de lettres. Le Légendaire de la Morinie, qui en est déjà
à sa septième livraison, a été accueilli, de toutes parts, avec une
grande sympathie. Les auteurs de ce travail rendent un éminent
service à la religion et à la patrie, en mettant au jour les actes
de ces héros de la foi, qui implantèrent dans nos contrées l'Evan-
gile de Jésus-Christ, et y développèrent les germes de tous les
bienfaits sociaux, qui en sont le produit immédiat. Mais, pour
assurer le succès de cette œuvre, il faut que, joignant à l'érudition
la plus scrupuleuse, la patience des recherches les plus exactes
et les plus persévérantes, ils prennent à tâche d'être véridiques
dans leurs récits, et, suivant l'expression d'un ancien, « *ne
disent jamais rien de faux*, tout en ayant le courage de ne taire
rien de vrai. »

La Vie de Sainte Isbergue ne nous paraissant pas satisfaire à
ces conditions de l'impartiale histoire, nous venons essayer,
quoique à regret, de porter la critique sur cette livraison du
Légendaire.

Dans le *National Boulonnais* du 6 janvier, M. J. M. R*****, parlant de la Vie de Ste.-Isbergue, a exprimé une opinion, qui est de nature à induire le public en erreur, sur la valeur historique de l'œuvre de M. E. V ; « Quant à l'exactitude historique » de la Légende, nous dit-il, les noms d'Eginhard, le moine » de Saint-Gall, Mezerai, Fleury, P. Daniel, de Ségur, Dom De- » vienne et les bréviaires de la localité (St.-Omer, Arras), en sont » garants, *si d'ailleurs Malbrancq ne suffisait.* »

A cette étrange assertion, nous devons répondre : Les auteurs, cités dans le titre de l'ouvrage, doivent être divisés en trois catégories distinctes; les uns parlent de Giselle, les autres d'Isbergue; deux seulement, Malbrancq et Dom Devienne font d'Isbergue et de Giselle un seul et même personnage. M. E. V. a cru devoir suivre l'opinion de ces derniers. Nous le regrettons; car nous aurons à prouver, dans le cours de cette discussion, qu'elle ne repose sur aucun fondement solide.

Voici un résumé succinct de la Vie d'Isbergue (Giselle), d'après Malbrancq et M. E. V. :

1° Isbergue, selon eux, n'est autre que Giselle, *Gisla*, fille de Pépin-le-Bref, dont le nom s'est altéré dans le cours des siècles.

2° Isbergue naquit en 752, et fut baptisée par un légat du Pape Etienne, qui lui donna le nom de Ghirla, diminutif de Ghirlanda (guirlande).

3° A cause de ce fait, le Pape Etienne II appela Pepin son compère spirituel, dans toutes les lettres qu'il lui écrivit depuis 753.

4° Lorsque le Pape Etienne fut mort, on envoya, à son successeur Paul 1er, le linge baptismal de *Gisla* ; et le nouveau Pape voulut bien se considérer aussi comme parrain de cette enfant, 757.

5° L'Empereur Constantin Copronyme demande à Pepin la main de Giselle pour son fils Léon IV (766).

6° Giselle (Isbergue), pour se soustraire à cette proposition, fait le vœu de virginité, d'après le conseil de saint Venant.

7° Un prince Anglais vient à son tour rechercher l'alliance de Giselle (Isbergue). Mais celle-ci échappe à cette nouvelle épreuve, par un merveilleux effet de la puissance divine (766).

8° Après la mort de Pepin, la reine Berthe « se met en tête » de marier Giselle au fils du roi des Lombards, alliance à laquelle le pape s'oppose fortement.

9° Giselle (Isbergue) fonde à Aire un monastère, dont elle devient bientôt la supérieure (775).

10° Giselle (Isbergue) mourut à Aire vers 806 ou 808, et fut inhumée sur une *montagne* voisine, à laquelle on donna le nom de Gisleberg, (montagne de Giselle). Gisleberg devint bientôt Isberg, et fit oublier le nom de la sainte.

Comme on le voit, l'auteur confond perpétuellement Giselle

avec Isbergue, et sa narration se fonde en partie sur les traditions d'Aire, en partie sur les historiens généraux de la France et de l'Eglise.

Nous ne venons pas ici attaquer le récit primitif des actes de Sainte Isbergue ; nous venons, au contraire, les dégager de tous les faits étrangers que le P. Malbrancq a cru devoir y introduire.

Question : Doit-on confondre Giselle avec Isbergue ?

Pour résoudre cette question nous allons tracer la biographie de Giselle d'après les historiens, y compris ceux sur lesquels M. E. V. a *collationné* son travail ; ensuite nous exposerons l'histoire d'Isbergue, d'après la tradition d'Aire, et nous examinerons les raisons que le P. Malbrancq peut apporter à l'appui de son opinion.

HISTOIRE DE GISELLE.

Giselle (Ghysela (1) fille de Pepin-le-Bref, *naquit en* 757. Pepin envoya au Pape le linge dans lequel elle avait été reçue, en sortant des fonts baptismaux, afin que sous cet emblême, Paul devint le père spirituel de cette enfant (2).

L'opinion que nous venons d'émettre, repose d'abord sur une date précise, donnée par un vieil annaliste, qui a écrit vers 799 (3). Voici la note de ce chronologiste : « DCCLVII In eodem anno moritur Stephanus papa ; nativitas Gislanæ » (4). (L'an 757 meurt le Pape Etienne ; naissance de Giselle(.

---

(1) D'après une souscription authentique à une charte de 799. Les autres documents la nomment indifféremment *Gisala, Gisela, Gisila, Gisla ;* et les auteurs du *Gallia Christiana,* pensent que c'est la forme féminine du prénom *Egidius* (Gilles). Nous regardons cette interprétation comme « plus vraie » et plus « rationnelle » que celle de *Ghirla* (couronne), dont Malbrancq est l'inventeur.

(2) Lecointe, Annales ecclésiastiques des Francs, t. V, p. 559.
    Mabillon, Annales bénédictines, t. II, p. 181.
    Bouquet, collection des Ecrivains des Gaules, t. V. Sommaire.
    Fleury, Histoire ecclésiastique, liv. 43, nº 30.
    Longueval. Histoire de l'Eglise gallicane, t. IV, p. 409, 410.
    Frantin. Annales du moyen-âge, t. VII, p. 92.

(3) Ces annales, nommées *pétaviennes,* vont jusqu'en 799. Du Chesnes les a imprimées sur deux manuscrits, l'un d'Alexandre Pétau, et l'autre de Jean du Tillet. Le P. Labbe les a aussi fait imprimer sur un ms. de Massay. (Bouquet. préf. t. V. p. IIII.)

(4) Voir Dom Bouquet, t. V. p. 13.

Outre ce document positif, nous avons encore la lettre que le Pape Paul Ier écrivit à Pepin en cette occasion (5).

« Au Seigneur Excellentissime, fils et compère spirituel, Pepin, roi des Francs et Patrice des Romains, le Pape Paul.

..... Roi très-chrétien, à qui la providence de Dieu a donné la victoire, nous ressentons une grande joie de ce que nous sommes unis par le lien d'une alliance spirituelle. Car l'illustre Envoyé de votre Confraternité, nous a apporté un présent très-précieux de la grâce divine ; c'est à savoir, le linge baptismal (Sabanum), dans lequel notre très-douce et très-aimée fille spirituelle a été reçue, après avoir été lavée dans le bain sacré du baptême. Ayant assemblé le peuple, et, célébrant les solennels mystères de la messe, nous avons reçu avec une grande joie ce linge sacré, au pied de l'autel, où repose le corps de votre bienheureuse auxiliatrice, Sainte Pétronille, (autel que vous savez avoir été dédié pour la gloire éternelle et le souvenir de votre nom). Par ce voile à nous apporté, nous ressentons la même joie que si nous avions levé nous-même, en personne, votre fille des fonts sacrés. »

Ces deux témoignages se contrôlent mutuellement. Ils ont eu assez d'autorité, pour attirer l'assentiment de tous les historiens, que nous avons énumérés dans la note 2°. La plupart connaissaient l'opinion du P. Malbrancq ; mais aucun ne s'y arrête, à l'exception du P. Le Cointe, qui prend soin de la réfuter (6).

Pendant l'espace de dix ans, (757-767), l'histoire s'occupe à peine de Giselle. Le Pape Paul la nomme avec Charles et Carloman, dans la plupart des lettres qu'il écrivait à Pepin. Mais, l'an 767 (telle est la date adoptée généralement), des ambassadeurs grecs, venus au Concile de Gentilly, proposèrent à Pepin le mariage de sa fille Giselle, alors âgée de dix ans, avec Léon, fils de l'empereur Constantin, âgé de dix-huit, et qui avait été associé au trône impérial, la deuxième année de sa naissance. Mais Pepin refusa d'accéder à leur demande (7).

L'an 770, la reine Berthe, au retour d'un voyage de Rome, dans lequel elle s'était arrêtée à la cour du roi des Lombards,

---

(5) Cette lettre, conservée dans le *Codex Carolinus*, est imprimée dans la plupart des recueils.
Cf. Bouquet, t. V, p 507. Lecointe, t. V, p. 591, etc.

(6) Nous aurons à nous occuper nous-même du P. Malbrancq, dans la suite de ce travail ; c'est pourquoi, afin de ne pas trop ralentir la marche de nos preuves, nous différons la réponse que nous devons faire à quelques objections, auxquelles sa narration donnerait naissance.

(7) Cf. Bouquet, t. V, p. 542, 543. Lecointe, t. V, p. 698. Frantin, t. VII, p. 126. de Ségur, Histoire de France, t. II, p. 35. Lebeau, Histoire du Bas-Empire, liv. 65. Mezerai, etc.

voulut marier sa fille Giselle avec Adalgise, fils de Didier. Mais le Pape Etienne III (8), ayant été instruit de cette négociation, écrivit à Charles et à Carloman (9), pour leur représenter le tort que cette alliance ferait au Saint Siége et à l'Eglise. « Rappelez-vous, je vous prie, leur disait-il, que, lorsque l'Empereur (Constantin Copronyme) s'efforçait de persuader à votre Seigneur et Père de sainte mémoire, de donner en mariage à son fils (Léon IV) votre sœur la très-noble Giselle, il n'en voulut rien faire, parce que le Siége apostolique s'y opposa. »....... « N'accordez pas, non plus, au fils du susdit Didier, la main de votre très-noble sœur Giselle, aimable à Dieu (10). »

La lettre d'Etienne se trouve dans plusieurs recueils, où il est facile de la consulter. Il n'est peut-être aucun historien de la France et de l'Eglise, qui n'ait raconté ce fait de la vie de Giselle ; nous nous dispenserons donc de les citer (11).

Peu de temps après, Giselle, dégoûtée du monde, se retira dans un monastère. La retraite qu'elle se choisit fut l'Abbaye de Chelles, au diocèse de Paris, Abbaye royale, fondée ou au moins agrandie par Sainte Bathilde. Giselle avait quatorze ou quinze ans lorsqu'elle y entra ; et, selon le témoignage d'Eginhard, « vouée dès ses jeunes années à la vie monastique (12), elle mourut dans ce monastère où elle avait pris l'habit religieux ».

Pour ce qui est du Monastère de Chelles, il est indubitable que c'est bien là l'asile choisi par la fille de Pepin. Nous n'en voulons pour preuve, que ce passage de l'*Annaliste de Metz*, dont l'autorité fait loi, à cet égard, chez tous les historiens. Cet auteur nous apprend que « l'an 804, l'Empereur Charles, qui se trouvait à Soissons avec le Pape Léon III, laissa le pontife dans cette ville,

---

(8) Et non pas Paul 1er, comme M. E. V. le dit dans deux notes (pp. 123, 126), puisque ce Pape mourut en 768.

(9) Et non pas à Charlémagne et à Bertha; id. p. 123.

(10) M. E. V. nous dit encore (p. 126): « Quand le Pape eut appris la troisième victoire de Giselle, il la proclama solennellement digne d'être aimée de Dieu (*Deo amabilēm*), *le lys blanc et tout en fleurs du jardin de l'Eglise.* » Cette assertion repose uniquement sur la phrase que nous venons de citer. *Le lys blanc, etc.,* est de l'invention de Malbrancq. Quant à la qualification « d'aimable à Dieu, » elle est donnée *avant la victoire,* et ne tire pas à conséquence. Giselle n'a été regardée comme Sainte par aucun historien ; il ne faut donc pas voir ici une canonisation anticipée. Au reste, on devrait aussi canoniser Pepin, puisque le Pape l'appelle « de sainte mémoire!! »

(11) Cf. Bouquet, t. v, p. 542, 543. Le Cointe, t. v, p. 756, 757.

(12) « A puellaribus annis religiosæ conversationi mancipata. » Eginhard, ap. Bouquet, t. v, p. 97, etc.

pour aller au monastère de Chelles, où Giselle, sa sœur, était malade » (13).

On ne saurait préciser l'époque à laquelle Giselle devint Abbesse de ce monastère. Mais l'historien de la Translation de Sainte Bathilde (833), témoigne qu'elle y avait fait construire une nouvelle Eglise, en l'honneur de la Sainte Vierge (14). Giselle se trouva, en 799, à Aix-la-Chapelle, où elle signa une donation faite à l'Abbaye de St.-Denis (15). Elle fut en rapport avec Alcuin, qui lui dédia ses commentaires sur St.-Jean (16). Enfin, elle mourut dans son monastère, peu de temps avant Charlemagne (810), (17).

Tel est, d'après tous nos historiens, le récit que l'on peut tracer de la vie de Giselle. Nous devons examiner maintenant, d'après les traditions d'Aire, quels sont les actes que l'histoire ait à revendiquer pour Itisbergue (18).

---

(13) Ad colloquium Germanæ suæ Gislæ quæ in his diebus ægrotabat, ad Kalam monasterium pervenit (Karolus). Ann. Met. ap. Le Cointe, t. VII, p. 3. Mabillon, t. II, p. 366. Bouquet, t. v. 352.

(14) Mabillon, t. II, p. 347, 356, etc.

(15) Bouquet, t. V, p. 760. Mabillon, *diplomatique*, etc.
(16) Mabillon, t. II, p. 327. Longueval, etc.
(17) Parmi les auteurs qui font Giselle *Abbesse de Chelles*, nous devons citer : les auteurs de l'*Art de vérifier les dates*, t. Ier, p. 551. Ceux *du Gallia Christiana*, t. VII, col. 559. *Longueval*, liv. 13. *Frantin*, t. VIII, p. 257. Lebeuf, *Histoire du Diocèse de Paris*, t. VI, p 34, 35. De Ségur, t. II, p. 35. Le P. Daniel, t. II, 2e part., p. 59. Ces deux derniers ont été cependant allégués par M. E. V.

D'autres auteurs ont pensé que Giselle avait été abbesse de N. D. de Soissons. Moréri, Mézeral, le disent positivement. Cette opinion avait été mise au jour par Dom Michel Germain, d'après un vieux catalogue des abbesses de ce lieu. «Si Giselle a été abbesse du monastère de N. D. de Soissons, dit Mabillon, elle n'en fut pas moins abbesse de Chelles ; peut-être gouvernait-elle en même temps ces deux communautés.» (Ann. Ben.) Quoi qu'il en soit, ceux-là ne sont pas plus favorables que les autres à l'opinion de Malbrancq, adoptée par M. E. V.

(18) Nous croyons que c'est ainsi qu'on doit appeler la patronne d'Ysbergue. On verra dans la suite de ce travail les autorités qui nous portent à embrasser cette opinion. C'est du reste le nom Liturgique de la Sainte.

HISTOIRE D'ITISBERGUE.

Afin d'appuyer sur un fondement plus solide la narration de la Vie d'Itisbergue, nous emprunterons le récit du Bréviaire actuel d'Arras, dont l'autorité historique se confond avec celle du Bréviaire de Saint-Omer. Tous deux rapportent les faits de la même manière, et du reste M. E. V. a collationné son travail, sur la légende de ces bréviaires, dont voici la traduction :

« La tradition rapporte qu'Itisbergue ou Isbergue, nommée par quelques-uns Gislebergue, était fille du roi Pepin et de la reine Berthe, et, par conséquent, sœur de l'Empereur Charlemagne. Cela paraît fondé sur des Lectionnaires manuscrits, sur des chartes et des écrits, conservés à Aire, et sur des tableaux qui étaient autrefois dans l'ancienne Collégiale de cette ville, monuments qui remontaient à plusieurs siècles. Selon cette tradition, Itisbergue fut élevée noblement par ses parents, qui séjournaient à Aire; et, touchée des conversations qu'elle avait eues avec le Saint Ermite Venant, sur le mépris des choses humaines, elle refusa constamment de s'engager dans les liens du mariage. Craignant de se voir unie à un prince anglais, elle supplia le Christ, auquel elle avait fait le vœu de virginité, de la défigurer par quelque maladie. Ayant obtenu ce qu'elle souhaitait, et ayant long-temps souffert le mal qu'elle avait demandé, elle en fut guérie, dit-on, par le secours de Saint Venant. Ce dernier avait été tué par des impies qui avaient jeté son corps dans la Lys. On rapporte aussi qu'Itisbergue prit soin de rendre aux restes sacrés de Venant, les honneurs qui leur étaient dus. On ne sait pas assez quelles furent les principales actions d'Itisbergue; et, il n'est pas bien certain qu'elle ait embrassé la vie monastique. Tout ce qu'on peut assurer, c'est que la pratique assidue des vertus chrétiennes rendit sa vie agréable à Dieu, et qu'une sainte mort couronna ses bonnes œuvres. »

Telle est, d'après le récit officiel de l'Eglise d'Arras, en tout conforme à celui de l'ancienne église de Saint-Omer, la vie de Sainte Itisbergue. Pas un mot de Giselle, ni des faits que l'histoire authentique de France, attribue à cette princesse. C'est à peine si le nom de *Gislebergue*, « que quelques-uns donnent à la Sainte, » rappelle que le P. Malbrancq, et quelques écrivains, ses copistes, ont essayé de la confondre avec l'abbesse de Chelles.

Jean d'Auffaigne, qui a écrit la vie de la Vierge d'Aire (19), en

---

(19) Bref Narré de Madame Sainte Isbergue, Vierge, et de St.-Venant, son directeur spirituel, recueillée par Jan d'Auffaigne, pasteur de l'Eglise de Ste. Isbergue. St.-Omer, 1629, in-16.

1629, et qui travaillait sur les manuscrits d'Ysbergue, n'attribue pas non plus à la patronne de ce village, les gestes de Giselle, autant, du moins, que nous en pouvons juger par les citations du P. Henschenius, au tome V^e du mois de mai, p. 44 & suiv. Guillaume Gazet, dans son « histoire ecclésiastique du Pays-Bas, » et dans la « Vie des Saints » qu'il a composée, avant le temps du P. Malbrancq (20), ne rapporte aucun fait différent de ceux que nous venons de lire dans le Bréviaire d'Arras.

Guillaume Gazet nous dit que « Sainte Itisberge fut fille du très-chrétien roy de France Pepin, et sœur à Charlemagne, empereur ; » qu'elle « fut sollicitée par plusieurs princes et seigneurs » et qu' « entre autres, le roy de Portugal la demanda en mariage. » Mais il ne dit rien de son baptême, de son merveilleux nom, de toutes ces choses qui appartiennent à l'histoire de Giselle.

Ni Aubert le Mire (21), ni Van der Meulen (22), ni Ferry de Locre, ne confondent Giselle avec Itisbergue. Ce dernier distingue au contraire formellement *Gilla, autrement Ghisla , fille de Pepin et sœur de Charlemagne,* d'avec *Itisbergue, sœur de la précédente* (23). En un mot, tous les écrivains qui ont précédé Malbrancq, et qui ont parlé de Sainte Itisbergue avec assez d'étendue pour qu'on puisse invoquer leur autorité, ont pensé que cette sainte était une des filles de Pepin, mais n'ont jamais prétendu la confondre avec Giselle.

Charlemagne, au témoignage d'Eginhard, n'avait qu'une sœur, *erat ei unica soror*, et cette sœur était Giselle. C'est une objection que pose le P. Charles Lecointe, et il en conclut qu'Itisbergue ne peut pas être une fille de Pepin. Nous ferons observer que lui-même admet deux autres filles de Pepin, Rothaïs et Adhéléïde, qui sont signalées aussi par la plupart de nos historiens. Ajoutons que le Gallia Christiana, parlant de la translation des reliques de Sainte Itisbergue, lui donne le nom d'*Idabergue.* Belleforest,

---

(20) Histoire de la vie, mort, passion et miracles des Saints, G. Gazet, Rouen, 1610. t. 1er, p. 198.
Histoire Ecclésiastique du Pays-Bas. G. Gazet, Arras, 1614. p. 284.

(21) Fasti Belgici, p. 165.

(22) Molanus Natales sanctorum Belgii, p. 102 (1595). Il lui donne indifféremment le nom d'Idabergue ou d'Itisbergue.

(23) Locrii chronicon Belgicum, t. I, p. 103 : Gilla alias Ghisla, Pipini regis filia, atque Caroli magni ET S. ITISBERGAE soror.
Nous ferons remarquer que Ferry ou Ferreol de Locre écrivait en 1616.

Annales de France (24), l'appelle *Iduberge*, ainsi que le sieur
du Tillet, dans son Inventaire général de l'histoire de France.
Scipion Dupleix fait mention de plusieurs filles de Pepin, et cite
dans le nombre, Gisle, et *Idulberge* (25). Enfin, Mézerai, après
avoir tracé en quelques lignes l'histoire de Giselle, ajoute: « Sainte
Istiberge, à ce que dit sa vie manuscrite, estoit aussi fille de Pepin ; mais les critiques n'adjoustent pas trop de foi à ces lé-
gendes (26).

Quoi qu'il en soit de l'opinion de Mézerai sur l'authenticité de
de la vie manuscrite, nous n'en devons pas moins enregistrer
son témoignage comme favorable à l'opinion qui distingue Giselle
d'Itisbergue. Nous nous étonnons que M. E. V. citant Mézerai
au nombre de ses autorités, n'ait pas cru devoir tenir compte de
cette distinction formelle. Il semble même ne l'avoir pas soup-
çonnée.

Opinion du P. Malbrancq.

Le P. Malbrancq, (au tome IIe de son ouvrage sur la Morinie),
à cru pouvoir fondre en un seul et même personnage Itisbergue et
Giselle. Le cadre de la Vie d'Itisbergue, tel que les Légendaires le
lui fournissaient, était assez large pour admettre les additions
que le chroniqueur avait projetées. Au reste, Malbrancq ne trouvait rien de bien opposé à l'histoire, dans la confusion qu'il fai-
sait des deux filles de Pepin; car, de son temps, l'érudition historique n'était pas parvenue à ce haut degré de lumières, où l'ont
portée plus tard les Le Cointe, les Mabillon, les Bénédictins de
St.-Maur, etc., etc.

Malbrancq n'est pas une autorité que l'on puisse adopter sans
conteste. Traçant, pour la première fois, les Annales de la Morinie, à une époque de renaissance historique, il eut à concilier
une foule de documents manuscrits, qui souvent se contredi-
saient; il eut à recueillir une foule de traditions souvent obscures,
et dut se frayer lui-même une route à travers le dédale inextri-
cable des opinions les plus diverses. Il ne faut pas s'étonner des
erreurs qu'il a commises. Souvent même, l'histoire écrite, les
chroniques qui se publiaient de toutes parts, lui présentaient des
faits, dont il devait tenir compte, des renseignements qu'il devait

---

(24) T. Ier, p. 149.
(25) Hist. gén. de France, p. 294.
(26) Hist. de France; édit. in-folio de 1685, t. 1er, p 378.
Qu'elle que soit l'opinion de Mézerai à l'égard de la Légende , son opinion ne
laisse pas d'avoir sa valeur, après surtout que M. E. V. a invoqué son autorité.

consigner dans son ouvrage. Ne s'est-il jamais trompé ? N'a-t-il jamais avancé de faits dont on doive douter ? Certes, il serait bien difficile à ses admirateurs de maintenir une telle assertion !

Dom Devienne, dans la préface de son histoire d'Artois exprime ainsi son opinion sur Malbrancq :

« Il avait une imagination brillante, qui se trouve rarement avec le goût des recherches, qu'il possédait néanmoins dans un égal degré. (L'ouvrage) qu'il a donné n'est bon qu'à être consulté, encore faut-il le faire avec précaution. » C'est là un bon conseil ; et Dom Devienne lui-même aurait dû le suivre avec plus de soin qu'il ne l'a fait !

Malbrancq ne consacre pas moins de dix chapitres au récit des gestes d'Itisbergue, qu'il appelle Gyslebergue; ce sont les chapitres 3, 4, 6, 12, 20, 21, 22, 23, 24, 27, 29, etc., du Livre V^e. Nous allons examiner tous les renseignements qu'il nous a donnés sur la fille de Pepin, et les preuves qu'il apporte à l'appui de ses doctes élucubrations.

Le chapitre III est intitulé : *Baptéme pontifical de Sainte Gyslebergue, fille de Pepin;* on peut voir une traduction abrégée de ce chapitre, dans la nouvelle Vie de Sainte Isbergue, par M. E. V. (27) Malbrancq ne cite pas en marge les traditions d'Aire; il se fonde uniquement sur les lettres du Pape Etienne II, et sur le récit de Baronius. Or, notons en passant qu'il n'y a aucune lettre du Pape Etienne II, ni une seule phrase de Baronius, où il soit question de Giselle ; Baronius raconte le voyage que le Pape fit en France, pour couronner Pepin en 754, et ne fait nulle mention de Gyslebergue. Les lettres du Pape Etienne ont seules fourni à Malbrancq l'idée de ce *Baptéme pontifical*, dont personne avant lui n'avait soupçonné l'existence. Dans les lettres que le Pape Etienne II écrivit à Pepin après son retour à Rome (28), il appelle ce roi « *spirilalis compater,* » compère spirituel. De ce fait, aidé de son « imagination brillante », le P. Malbrancq tire tout

---

(27) « De la joyeuse naissance de Giselle ; du très-illustre parrain qu'elle eut au Saint Baptême; du nom qui lui fut donné et de l'histoire de ce nom. » p. 115 du Légendaire.

(28) Le Pape Etienne II, d'après le témoignage d'un grand nombre d'historiens respectables aurait baptisé Charles et Carloman, fils de Pepin. « On croit, dit Fleury, que le baptême des deux jeunes princes avait été différé jusques alors et que le Pape fut leur parrain ; car en plusieurs de ses lettres il nomme le roi Pepin son compère spirituel, etc. » Hist. de l'Eglise, liv. 43, n° 14. Nous avons lieu de nous étonner que M. E. V. n'ait pas mieux lu Fleury. (Voyez la note 2, page 119 du Légendaire). M. E. V. prétend que la 3e des lettres d'Etienne a été écrite nécessairement avant 754. Or, Dom Bouquet prétend absolument le contraire, et veut qu'elle ait été écrite vers la fin de l'an 754. Lequel croire ?

un chapitre poétique. Les légats du Pontife viennent baptiser *Gyslebergue*, et lui imposent le nom de *Ghirla*, diminutif de *Ghirlanda*, guirlande (29). Ce qu'il y a de plus fâcheux, c'est qu'aucun auteur, antérieur au P. Malbrancq, n'ait fait mention de tous ces beaux détails, et que les Lectionnaires d'Aire aient gardé là-dessus un silence obstiné. Il est vrai qu'on peut s'en prendre aux ravages des Normands !... (30)

Le chapitre IVe est un des plus importants, car Malbrancq y fait de la critique, et cherche à prouver qu'« *Isbergue n'est autre que la fille de Pepin* ». C'est ce que nous ne contestons pas, mais cela ne prouve point qu'elle n'est autre que Giselle. Les autorités qu'il invoque sont les « *Monuments d'Aire, Yperius, Bruschius, Folquinus*, etc. » Très-bien, mais pesons ces témoignages. Les monuments sont de deux sortes : les Tableaux ou Sculptures, puis les Lectionnaires ; ni les uns, ni les autres ne disent que Giselle et Itisbergue sont un même personnage. Les tableaux, qui pouvaient avoir 300 ans à l'époque de Malbrancq, ne remontent pas bien haut ; ils peuvent très-bien n'avoir été exécutés qu'après la prétendue découverte du corps de Pepin et de Berthe en 1255, et être complètement apocryphes. Mais supposons leur authenticité, qu'en résulte-t-il ? Il représentent Itisbergue avec une robe d'azur semée de lys d'or ; donc elle était fille de Pepin et de Berthe. Laissons passer la conclusion, et arrivons au fait ; prouvent-ils qu'Itisbergue et Giselle doivent être confondues ? Ils ne fourniront pas l'ombre d'un argument à l'appui de cette conjecture.

La seule raison un peu valable que le P. Malbrancq ait à nous présenter dans ce chapitre est celle-ci : « On ne connaît aucune fille de Pepin, autre que Giselle, qui soit parvenue à un âge un peu avancé, et qui ait embrassé la vie religieuse. »

S'il n'y a pas d'autre fille de Pepin, et si Giselle seule peut être Itisbergue, la thèse du P. Malbrancq est renversée par les témoignages authentiques et unanimes des historiens, qui font de Giselle une abbesse de Chelles. Il est donc nécessaire d'admettre une autre fille de Pepin, ou d'abandonner complètement ce fait de l'histoire d'Itisbergue. Nous avons vu, d'ailleurs, qu'avant Malbrancq, tous les historiens d'Itisbergue, et mêmes plusieurs his-

(29) La langue italienne possédait-elle le mot *Ghirlanda* en 754 ? Malbrancq ne fait-il pas ici un anachronisme ? C'est ce qu'on pourrait dire de plus charitable à propos de *Ghirla*.

(30) Nous avons vraiment peine à comprendre comment le P. Malbrancq a pu se laisser aveugler à un tel point, à l'égard de Sainte Itisbergue, et donner pour de l'histoire les amplifications que son imagination lui fournissait ; encore, s'il n'avait pas eu de copistes !

toriens généraux, nommaient distinctement deux filles de Pepin, Giselle et Ilisbergue.

Malbrancq connaissait le passage d'Eginhard que nous avons déjà cité, et il en tire un argument en faveur de son opinion. Voici ce que dit Eginhard : « Charles n'avait qu'une sœur nommée Giselle, vouée dès sa plus tendre enfance à la vie monastique (31), et qu'il aima et vénéra autant que sa mère. Elle mourut quelques années avant lui, dans le monastère où elle avait pris l'habit religieux.» — Dans quel monastère est entrée Giselle, nous demande le P. Malbrancq? Citez-nous un auteur qui nous l'apprenne. — Nous avons déjà répondu à cette question, en traçant d'une manière irréfutable l'histoire de Giselle. L'argument de Malbrancq est encore en défaut.

Malbrancq, qui a inventé beaucoup de monastères détruits par les Normands, en avait trouvé un à Aire, où il plaçait Giselle. Voici comment il a procédé à cette découverte : le cartulaire de saint Bertin renferme une charte de l'abbé Adalard (32) en faveur d'un certain Guntbert, donnée à Aire, dans le monastère, le 27 mars 857, *Actum Ariâ monasterio*, VI kal. april. anno DVIIILVI/*VII*. On pourrait se demander s'il est nécessaire d'admettre ici un véritable monastère, et si on ne devrait pas plutôt y voir une dépendance de St.-Bertin ; mais cette question est étrangère à notre sujet. On voit du reste assez que, supposée l'existence du monastère, il reste encore à prouver qu'il ait été fondé par Ilisbergue.

Le chapitre VIe retrace le voyage que fit Etienne II en France pour couronner Pepin, et les victoires que ce prince remporta sur

---

(31) M. E. V. s'est aperçu que ce témoignage contredisait jusqu'à un certain point l'opinion de Malbrancq et la sienne à l'égard de Giselle; car, si Giselle est entrée au monastère, *dès sa plus tendre enfance, à puellaribus annis*, comment dire qu'elle y est entrée lorsqu'elle était *« parvenue à la plénitude de l'âge chrétien »*, à 23 ans, selon sa chronologie. Pour échapper à cette contradiction, il traduit : *religiosæ conversationi mancipata* par ces mots : *vivant d'une manière monastique*. Qu'en dirait le bonhomme Lhomond?...

(32) Dom Devienne nous donne avis que le monastère fondé à Aire par Ilisbergue, *« formait une partie du nom de la ville. Il existe une preuve de ce fait dans une charte de l'abbaye de St.-Bertin, de 855, en faveur d'Adalard, abbé de ce monastère*, datée d'Arie-Munster, qui de l'aveu de tous les savants, ne peut être que la ville d'Aire, dont le nom avait été confondu avec celui du monastère de Ste. Isbergue. *»* (hist. d'Artois, tome 1er, p. 100.) Nous regrettons de trouver cette note reproduite presque intégralement par M. E. V., page 127 du *Légendaire*. Ce ne sont malheureusement pas les seules erreurs où l'on tombe, quand on se met à la remorque d'auteurs si peu judicieux. Dom Devienne analyse Malbrancq; et, le plus souvent ne le *lit* et ne le comprend pas assez. Nous n'avons pas besoin d'avertir le lecteur que Malbrancq donne la date 856, et ne dit pas que la charte soit en *faveur d'Adalard*, puisqu'elle est d'Adalard lui-même.

les Lombards Il y est très-peu question de Giselle; on y dit seulement qu'elle reçut aussi quelque part des bénédictions dont le Pape combla sa famille. Malbrancq n'ose pas dire qu'elle fut sacrée aussi par le Pontife; nous admirons sa retenue. Cependant, il ne sait trop qu'en penser, car, dit-il, on représente Gyslebergue vêtue d'une *trabée* semée de lys d'or, et portant sur la tête une couronne d'or.

Il n'entre pas dans notre plan d'examiner tout ce que Malbrancq et M. E. V. nous rapportent du séjour de Pepin à Aire, de la construction d'une église à *Peetersberg*, du séjour des deux Alcuin en cette ville pour l'éducation de Charlemagne, etc. Nous renvoyons à la savante « Notice historique et scénographique sur l'Eglise de St.-Pierre d'Aire, » par M. François Morand.

Le chapitre XII° nous raconte *l'envoi que l'on fit au Pape Paul du linge baptismal de Ghyslebergue, et la sainte jeunesse de la jeune vierge.* Remarquons d'abord que Malbrancq ne cite pas ici les traditions d'Aire; c'est un fait d'histoire générale, qu'il cherche à revendiquer pour Itisbergue. Nous avons développé suffisamment le récit de ce fait, en traçant la biographie de Giselle. Nous y avons démontré que Giselle naquit en 757, l'année même où ce voile fut envoyé au Pape. Malbrancq, qui prétend que Giselle est née en 752, a supposé ici, pour donner quelque vraisemblance à sa narration, qu'on avait conservé ce voile jusqu'à ce jour, et qu'on l'envoya au Pape Paul, pour renouer les liens de l'affinité spirituelle contractée par Etienne. Mais tout ceci est apocryphe, ainsi qu'on peut s'en convaincre en lisant notre histoire de Giselle; et d'ailleurs les monuments d'Aire se taisent à l'égard de ce fait, comme à l'égard de bien d'autres. Pourquoi donc déployer tant d'effort « d'imagination, » pour prouver ce qui n'est pas ?

Chapitre XX. *Ghyslebergue évite heureusement l'alliance du fils de Constantin.* Encore uu fait inconnu des auteurs qui ont écrit sur Itisbergue, avant le P. Malbrancq. Les Lectionnaires d'Aire n'en parlent aucunement; aussi notre chroniqueur ne les cite pas. Cette observation suffit à le réfuter.

Chapitre XXI. *Récit de la proposition du prince Anglais et de la maladie d'Itisbergue.* En marge : *Monuments d'Aire, Manuscrits du village d'Ysbergue, Gazet, Vies des Saints.* Ici nous accuserons peu Malbrancq d'invention, car il suit pas à pas les autorités de ses devanciers. Par malheur les Lectionnaires ne sont pas bien d'accord sur la patrie du prince, car les uns disent *Portugal*, les autres *Ecosse*. Malbrancq essaie d'appliquer la critique, et au lieu de *roi de Portugal*, il propose de lire : *le prince de Galles*. La découverte était belle, mais le chroniqueur ne s'est pas aperçu qu'il commettait aussi un bel anachronisme. Décidément, le P. Malbrancq n'a pas la main heureuse.

Les chapitres XXII, XXIII et XXIV racontent la mort de Saint Venant, la merveilleuse guérison d'Itisbergue ; et les funérailles du saint Ermite. Les autorités qu'invoque le chroniqueur, sont les mêmes qu'au chapitre précédent. Comme tous ces faits appartiennent réellement à Sainte Itisbergue, nous laissons en paix les Lectionnaires, et nous passons au chapitre XXVII.

Troisième Victoire de Ghyslebergue], Proposition de mariage du Roi des Lombards. Les monuments d'Aire font défaut à Malbrancq, sur ce fait ; et, les historiens généraux sont le seul appui qu'il réclame. Déjà, nous avons prouvé que ce fait appartenait à Giselle ; et, d'ailleurs, le silence des traditions d'Aire est encore suffisant pour démentir le récit du chroniqueur Audomarois.

Chapitres XXIX, XXX, &c. *Ghyslebergue reçoit le voile, et fonde un monastère à Aire.* Malbrancq et M. E. V. supposent que ce monastère a dû être fondé dans un château *de la Salle* ; (Sala), qui était la demeure de Pepin, à Aire. Cette hypothèse ne suffit pas à M. E. V., il croit qu'Eginhard a parlé de ce château. Cet auteur, dit-il, (page 127, n.), fait mention « d'un château de Selles où Pepin habitait avec sa famille ; le rapport de ce nom avec celui de la Salle a bien pu occasionner une erreur de topographie (sic). » Une simple observation suffit à renverser cette conjecture : *Sellus* ou *Sels*, d'après le récit comparé d'Eginhard, et de Frédégaire est situé sur la Loire, *super fluvium Ligeris.*

Pour résumer en peu de mots ce que nous venons de dire sur la manière dont le P. Malbrancq traite l'histoire de *Ghyslebergue*, nous ferons observer que jamais il ne cite les *monuments d'Aire*, toutes les fois qu'il parle des faits attribués par l'histoire à la seule Giselle. C'est une remarque importante, qu'il ne faut jamais perdre de vue.

Disons cependant un mot de Dom Devienne, dont on pourrait invoquer l'autorité contre nous. Pour réduire à néant le témoignage de cet auteur, il suffit de citer ce qu'il dit de Sainte Itisbergue. Voici l'ordre dans lequel il range les propositions de mariage qui furent faites à la fille de Pepin : « Un Breton et un Lombard s'étaient déjà présentés inutilement, lorsque *Constantin*, empereur de C. P., envoya à *Pepin* des ambassadeurs qui avaient ordre de demander en mariage *Isbergue*, pour son fils. Le monarque qui trouvoit cette alliance aussi avantageuse qu'honorable, pressa beaucoup la princesse d'accepter la proposition de l'Empereur. » Isbergue résista d'après les conseils de Venant, et les courtisans du fils de l'Empereur coupèrent la tête au serviteur de Dieu !...

Dom Devienne n'a lu Malbrancq qu'en courant, et loin de songer à vérifier l'exactitude des faits rapportés par son guide, il ne prend même pas la peine de les bien lire. Voilà ce qui peut expliquer les fautes de chronologie dont sont remplies ces quelques lignes, où les années sont disposées dans l'ordre suivant : 766, 770, 767; où le fils de Constantin est le meurtrier de Saint Venant, etc. Pourrait-on, après de telles erreurs et de telles bévues, s'appuyer sur Dom Devienne? Son travail n'est pas sérieux à l'article de Sainte Itisbergue; nous ne comprenons pas comment on peut y trouver des « preuves solides et longuement développées. »

CONCLUSION.

Il nous paraît évident, d'après tout ce qui précède, que les faits de l'histoire d'Itisbergue doivent être réduits à ces cinq chefs principaux :

1° Itisbergue, appelée par quelques-uns Idabergue ou Idubergue, est, d'après les traditions d'Aire, une fille de Pepin-le-Bref, distincte de Giselle.

2° Itisbergue fut guidée dans la voie de la perfection par un saint ermite nommé Venant, et fit, suivant le conseil de son directeur, le vœu de virginité.

3° Pour échapper à une proposition de mariage que lui fit un prince d'Ecosse ou d'Angleterre, elle pria le Seigneur de lui envoyer une maladie qui la défigurât.

4° Elle en fut guérie par les mérites et l'intercession de Saint Venant, que des brigands, soudoyés par ce prince avaient mis à mort.

5° *Il est probable* qu'Itisbergue se retira dans un monastère, et vécut dans la retraite jusqu'à sa mort. Quant à la chronologie, il est impossible de donner une date bien précise. Il est seulement probable que Saint Venant mourut en 766.

Au reste, le champ de la critique reste toujours ouvert sur ces faits. Le P. Henschenius, dans le volume des Bollandistes déjà cité, après avoir réfuté, de point en point, l'opinion du P. Malbrancq sur la confusion de Giselle et d'Itisbergue, se prononce de la manière suivante sur les Lectionnaires d'Ysbergue : « Nous avons une vie de cette sainte, copiée sur un Lectionnaire du village d'Ysbergue, et divisée en trois leçons. Mais l'auteur, quelqu'il soit, nous paraît assez peu connaître l'antiquité, et avoir puisé dans les récits populaires les faits qu'il raconte : *ex vulgi rumore colle-*

gisse quæ OBTRUSIT. Elle ne nous paraît pas digne d'être insérée dans notre recueil (33). »

Ce jugement est sévère ; cependant, les Bollandistes, ont fait leurs preuves, et c'est presque toujours témérité d'en appeler de leurs décisions.

Quoi qu'il en soit, nous avons essayé de dissiper quelques-uns des nuages amoncelés sur l'histoire d'Itisbergue. Si nous avons réussi à restreindre en de justes bornes l'espace laissé à la critique, nous aurons reçu notre récompense.

Ce n'est malheureusement pas la seule livraison du Légendaire, où nous ayons à reprendre des inexactitudes historiques ; mais nous remettons ce travail au moment où l'ouvrage entier aura paru. Nous avons cru, en attendant, devoir avertir les auteurs de cet ouvrage, des écueils où entraîne une trop grande précipitation.

D. H......,

Membre correspondant de la Société des Antiquaires de la Morinie.

---

(33) Acta sanctorum quotquot toto orbe coluntur, t. V, Maii : De S. Itisbergâ Virgine, Ybergæ in Artesiâ, commentarius historicus. De ejus cultu, aetate, genere, discussa, dubia. refutata, apocrypha ; auctore Godefrido Henschenio.

Boulogne.—Imp. H. Delahodde.

www.ingramcontent.com/pod-product-compliance
Lightning Source LLC
Chambersburg PA
CBHW061158050726
47594CB00008B/3475